AF206111

Nei Ye

內業

Guanzi

Nei Ye

Der Weg zu innerer Ruhe

Aus dem Chinesischen übersetzt
und kommentiert von

Jupp Hartmann

Bibliografische Information der Deutschen Nationalbibliothek: Die Deutsche Nationalbibliothek verzeichnet diese Publikation in der Deutschen Nationalbibliografie; detaillierte bibliografische Daten sind im Internet über dnb.dnb.de abrufbar.

© 2020 Jupp Hartmann
Herstellung und Verlag: BoD – Books on Demand, Norderstedt

ISBN: 978-3-7504-4038-8

1.

In allen Dingen ist eine Essenz, die sie belebt.
Sie erzeugt unten die fünf Körner
und ordnet oben die Sterne.
Strömt sie zwischen Himmel und Erde,
sprechen wir von Geistern und Göttern.
Wird sie in der Brust von Menschen bewahrt,
sprechen wir von Weisen.[1]

So ist die menschliche Lebensenergie:
so hell, als ob man in den Himmel aufstiege,
so dunkel, als ginge es in den Abgrund,
so unklar, als triebe sie im Meer,
und doch ist sie im eigenen Selbst.

So ist diese Energie:
Sie kann nicht mit Gewalt gehalten werden,
doch innere Kraft kann sie bewahren.
Sie kann nicht herbeigerufen werden,
doch kannst du sie willkommen heißen.
Bewahre sie ehrfürchtig und verliere sie nicht!
Dies nennt man innere Kraft.

Kommst du zu innerer Kraft entsteht Weisheit,
und du kannst die Früchte
der zehntausend Dinge erlangen.

Es ist das Wesen aller Herzen
von selber voll und übervoll zu sein,
von selbst hervorzubringen und zu vollenden.

Dies geht verloren
durch Kummer und Überschwang der Gefühle,[2]
durch Vergnügen und Ärger,
durch Begierde und Streben nach Gewinn.

Wer Sorge und Überschwang,
Vergnügen und Ärger,
Begierde und Gewinnstreben hinter sich lässt,
dessen Herz ist wieder ohne Last.
Die Gefühle des Herzens
kehren zu Ruhe und Gelassenheit zurück.
Stör sie nicht, bring sie nicht durcheinander,
und sie kommen von selbst in Einklang!

Was aufblitzt, als sei es ganz nah,
doch zu unversehens, um es zu erhaschen,
zu endlos, um seine Grenze zu erreichen,

das lässt sich nicht weiter ergründen.
Doch nutzen wir täglich seine Wirkungskraft.

2.

Wer dem Dao folgt, hat teil an der Fülle.
Aber der Mensch kann nicht beständig sein.
So entschwindet es und kehrt vielleicht nie wieder.
Es kommt, doch kein Trick kann es halten.
Du vernimmst von ihm keinen Laut,
doch ist es in deinem Herzen.
Es ist so dunkel, du erkennst nicht seine Gestalt.
Es ist so überaus fruchtbar, es gibt uns allen Leben,
ohne dass wir seine Form sehen,
ohne dass wir seine Stimme hören.
Doch weil sich seine Wirkung zeigt,
spricht man vom Dao.

Das Dao hat keinen festen Platz,
doch ist dein Herz friedfertig und liebevoll,
reguliert es in Ruhe deine Lebenskraft,
dann kann das Dao bei dir weilen.

Das Dao ist nicht fern.
Alle Menschen haben es von Geburt an.
Entfernen sie sich nicht von ihm,
dann erlangen sie Weisheit.
Es ist, als sei es mit allem verwoben
und doch so fein, als sei es nirgendwo.

Es ist die Art des Dao,
den Lärm zu meiden.
Kultiviere dein Herz durch Stille,
dann kannst du es erlangen!

So ist das Dao:
Der Mund kann es nicht erklären,[3]
das Auge kann es nicht sehen,
das Ohr kann es nicht hören.
Darum kultiviere dein Herz
um dein Wesen recht zu machen.

Es zu verlieren führt zum Tod.
Es zu erfassen fördert das Leben.
Wer es beim Handeln verliert, der scheitert.
Wer es erlangt, hat Erfolg.

So ist das Dao:
Es hat weder Wurzel, noch Stamm,
weder Blätter, noch Blüten,
und bringt doch die zehntausend Dinge hervor.
Was die zehntausend Dinge gedeihen lässt,
diese Kraft nennen wir Dao.

3.

Das Gebot des Himmels, ist Ordnung.
Das Gebot der Erde ist Ausgleich.
Das Gebot des Menschen ist Ruhe.
Frühling und Herbst, Winter und Sommer,
das sind die Zeiten des Himmels.
Berge und Hügel, Flüsse und Täler,
das sind die Glieder der Erde.
Vergnügen und Ärger, Nehmen und Geben,
das sind die Verhaltensweisen des Menschen.

Also der Weise:
Er folgt dem Wechsel der Zeiten,
ohne sein Wesen[4] zu ändern,
Er folgt den Dingen,
ohne dass sie sein Wesen verformen.

Unbewegt und ruhig
regelt er die Dinge.
In seiner Mitte reguliert er sein Herz,
so werden seine Sinne hell und klar
und die vier Glieder stark und fest.
So kann er die Essenz beherbergen.
Diese Essenz
ist die Essenz der Lebenskraft.
Diese Kraft und das Dao geben dir Leben,
das Leben verschafft dir Einsicht,
Die Einsicht macht dich weise.
Doch lass es bei der Weisheit bewenden!
Denn so ist die Art des Herzens:
Übersteigerte Weisheit führt zum Verlust
des Lebens.

4.

Sich mit den Dingen zu wandeln,
nennt man göttlich.
Sich mit den Ereignissen zu wandeln,
nennt man weise.
Sich wandeln,
ohne dass die Lebenskraft sich mindert,

sich verändern,

ohne dass die Weisheit sich ändert,

das kann nur ein Weiser.

Wer an dem Einen festhalten kann ohne Verlust,

kann die zehntausend Dinge regulieren.[5]

Der Edle lenkt die Dinge

und wird nicht von den Dingen gelenkt.

Der Ordnung des Einen entsprechend

steuert er die Dinge aus tiefstem Herzen,

steuert mit seinen Worten,

steuert und bezieht andere mit ein,

und so ist alles unter dem Himmel geregelt.

Seine Worte berühren das Eine,

und die Welt ist zu Diensten.

Seine Worte klären das Eine,

und die Welt hört zu.

Das heißt gemeinsam wirken.

Ist die Form nicht angemessen,

stellt sich die Wirkungskraft nicht ein.

Ist die eigene Mitte nicht ruhig,

kann das Herz nicht regieren.

Eine angemessene Form

fördert die Wirkungskraft.

Himmlisches Mitgefühl und irdische Güte
strömen dann von selber über.
Höchste geistige Klarheit
beleuchtet dann die zehntausend Dinge.
Wer im Inneren Güte wahrt, geht nicht fehl.
Dem verwirren die Dinge nicht die Sinne,
dem verwirren die Sinne nicht das Herz.
Das nennt man seine Mitte erreichen
und das Göttliche in sich verkörpern.

Das Eine entschwindet, das Eine kommt,
dies lässt sich nicht ergründen.
Es zu verlieren führt zu Verwirrung,
es zu gewinnen führt zu Ordnung.
Wenn man ihr ehrfürchtig eine Wohnstätte bietet,
kommt die Essenz von alleine.
Bedenkt man sie, betrachtet man sie
ernsthaft und ehrfürchtig,
findet die Essenz sich schließlich ein.
Erfasse sie, ohne sie zu verlieren,
ohne dass Augen und Ohren abschweifen,
ohne dass das Herz andere Pläne hegt!
Steht das Herz im Mittelpunkt,
entfalten sich die zehntausend Dinge
und das Dao füllt alles unter dem Himmel aus.

Es breitet sich unter den Menschen aus,
ohne dass die Menschen es bemerken.
Wer dieses Eine versteht,
erfasst oben den Himmel
und erreicht unten die Erde
und wirkt über neun Kontinente[6] hinweg.

5.

Was heißt es, Ruhe im Herzen zu haben?
Ich reguliere mein Herz
und meine Sinne sind reguliert.
Ist mein Herz in Ruhe,
sind auch meine Sinne in Ruhe.
Das Herz reguliert sie;
das Herz bringt sie zur Ruhe.
Das Herz wird geleitet durch sich selbst.
Im Innern des Herzens ist nur das Herz.
Dieses Herz des Herzens
ist es, dessen Stimme zuerst erklingt,
diese Stimme nimmt Form an,
die Form sind die Worte,
die Worte entfalten Wirkung,
die Wirkung reguliert die Dinge.

Ohne Regulierung entsteht Chaos.
Chaos bedeutet Tod.

Die Essenz entsteht aus sich selbst.
Ihr äußerer Ausdruck ist die Ruhe,
innerlich ist sie eine sprudelnde Quelle:
überfließend, harmonisch, ausgeglichen
strömt aus ihr die Lebensenergie.
Dieser Überfluss versiegt nicht.
Durch ihn werden die vier Glieder kräftig.
Er erschöpft sich nicht.
Er durchdringt die neun Öffnungen des Leibes
bis zum letzten Winkel von Himmel und Erde,
und der vier Meere.

Sind im Inneren keine verwirrten Gedanken,
entsteht außen kein Unheil. [7]
Ist im Inneren das Herz gewahrt
und im Äußeren die Form,
kommt vom Himmel kein Verderben
und von anderen Menschen kein Schaden.
Das nennt man menschliche Weisheit.

Erreichst du ausgeglichene Ruhe,
ist die Haut glatt,

sind Ohren und Augen scharfsinnig,
das Fleisch fest und die Knochen stark.
Dann kannst du den weiten Himmel stützen
und über die weite Erde wandern,
dich in der großen Klarheit spiegeln
und ihren großen Glanz erblicken.

Hüte dich sorgsam vor Ausschweifungen,
und deine Wirkungskraft erneuert sich täglich!
Dann offenbart sich dir alles unter dem Himmel
bis hin zu den vier Enden.
Dies respektvoll in sein Inneres aufzunehmen,
nennt man inneres Erreichen.
Nicht zu sich zurückzukehren,
erzeugt hingegen Irrtum.

6.

So ist das Dao:
In sich rund und fest,
weit und ausgedehnt,
stark und solide.

Bewahre dein Gutes und gib es nie auf!
Verwirf die Genusssucht, tu ab die Kleinlichkeit!
Hast du erst die Extreme verstanden,
kehrst du zurück zum Dao und seiner Kraft.

Bewahrst du dein Herz in der Mitte,
dann kann es nicht verborgen bleiben.
An deinem Auftreten kann man es erkennen
und an der Frische deiner Haut.

Begegnest du anderen mit guter Energie,
werden sie dich wie Geschwister lieben.
Begegnest du anderen mit schlechter Energie,
werden sie dich mit ihren Waffen töten.

Unausgesprochene Worte
verbreiten sich schneller als ein Donnerschlag.
Die Energie des Herzens
strahlt heller als Sonne und Mond.
Sie sagt mehr über dich aus als dein Elternhaus.

Belohnung allein kann Gutes nicht fördern.
Strafe allein kann Verbrechen nicht hindern.[8]
Doch leitet dein Geist dein Denken,
ist dir die Welt zu Diensten.

Bestimmt dein Herz dein Denken,
dann hört die Welt dir zu.

Der Energie Gestalt gebend, den Göttern gleich,
erwachen die zehntausend Wesen zum Leben.
Kannst du ihr also Gestalt geben?
Kannst du eins mit ihr werden?
Kannst du ohne Weissagung
Glück und Unglück vorhersehen?
Kannst du innehalten?
Kannst du dich zurückziehen?
Kannst du ohne andere zu fragen zu dir finden?
Denk darüber nach! Denk darüber nach!
Denk noch einmal darüber nach!
Denkst du nach und kommst nicht weiter,
stehen dir vielleicht Geister und Götter bei;
Und sind es auch nicht die Geister und Götter,[9]
so hilft dir die äußerste Kraft der Essenz.

Wenn deine vier Glieder ihre Ordnung haben
und die Energie deines Blutes zur Ruhe kommt,
dann richte deine Gedanken auf das Eine
und gib deinem Herzen Gestalt!
Sind Ohren und Augen nicht begierig,
scheint selbst das Ferne nah.

Tiefes Denken gebiert Weisheit,
Bequemlichkeit gebiert Sorgen,
tyrannischer Stolz gebiert Hass.
Tiefe Sorgen machen krank.
Schwere Krankheit führt zum Tod.

Grübeleien ohne Ende
machen innerlich schwer
und äußerlich schwach.
Hast du keine Vorgehensweise dagegen,
verlässt das Leben seine Wohnstatt.

Iss nicht, als würdest du niemals satt!
Denk nicht, als kämest du niemals ans Ziel![10]
Regelst du diese Dinge,
ergibt sich der Rest von selbst.

7.

So ist das menschliche Leben:
Vom Himmel nimmt es seine Essenz,
von der Erde nimmt es seine Form.
Das Zusammenspiel beider
formt den Menschen.[11]

Sind sie in Einklang bedeutet das Leben,
ohne Einklang ist kein Leben.
Betrachte das Dao des Einklangs:
Du kannst seine Essenz nicht sehen,
doch seine Wirkung ist angenehm.

Erfüllen Ausgleich und Ordnung die Brust,
und die Idee der Regulierung ist im Herzen,
führt das zu einem langen Leben.
Werden Ärger und Wut übermäßig,
brauchst du eine Vorgehensweise dagegen:
Zügle die fünf Begierden!
Tu ab die beiden Übel!
Nicht Vergnügen, noch Ärger,
sondern Ausgleich und Ordnung
erfüllen dann deine Brust.

8.

So ist das menschliche Leben:
Es braucht Gleichgewicht.
Verloren geht es durch
Vorlieben Ärger, Trauer und Leid.

Nichts bannt Ärger besser als Poesie.

Nichts vertreibt Trauer besser als Musik.

Nichts zügelt Überschwang besser als Riten.[12]

Nichts bewahrt die Riten besser als Ehrfurcht.

Nichts bewahrt die Ehrfurcht besser als Stille.

Innerlich Stille, äußerlich Ehrfurcht

führen zurück zur eigenen Natur,

und die eigene Natur ist gewahrt.

9.

So ist das Dao der Ernährung:

Überfülle

schadet und ist nicht gut für den Leib.

Zu viel Verzicht

zerstört die Knochen und lässt das Blut stocken.

Zwischen Überfülle und Verzicht zu verweilen,

das nennt man Harmonie erreichen.

Das schafft der Essenz Raum, um zu bleiben

und bringt Weisheit hervor.

Wer bei Hunger und Sättigung

das Maß verloren hat,

braucht eine Vorgehensweise:

Bist du zu voll, dann bewege dich!
Fastest du, dann gehe in dich!
Bist du alt, bedenke immer:
Bewegung nach Völlerei fällt dir schwer.

Lebenskraft fließt nicht durch die vier Glieder,
wenn du fastest und nicht in dich gehst,
wenn du satt bist und nicht aufhörst,
und wenn du alt bist und nicht daran denkst,
dass schnelle Bewegung dir schwerfällt.

Mit einem großen, tapferen Herzen,
das der Lebenskraft Raum lässt, sich auszubreiten,
und einem ruhigen unbewegten Wesen
kannst du das Eine wahren,
gewappnet gegen die zehntausend Beschwerden.
Aussicht auf Gewinn wird dich nicht locken,
Aussicht auf Gefahr dich nicht schrecken.
Lass deine Mitmenschlichkeit gedeihen,
und bist du alleine, freue dich deines Leibes.

Das nennt man wolkenhafte Lebensenergie
oder in Gedanken über den Himmel wandern.

10.

So ist das menschliche Leben:
Es braucht seine Freude.
Im Gram geht sein Antrieb verloren.
Im Ärger geht seine Quelle verloren.
Trauer, Leid, Vergnügen und Ärger
lassen dem Dao keinen Platz.
Kommen Vorlieben und Begierden zur Ruhe
Wird aus Verwirrung Ordnung.

Ziehe nichts zu dir hin, stoße nichts von dir fort! [13]
Und das Glück findet sich von selber ein.
Das Dao kommt von selbst;
bei deinen Plänen kannst du darauf vertrauen.
Mit Ruhe wird es erlangt.
Mit Aufregung geht es verloren.

Die Lebensenergie der Seele ist im Herzen.
Sie kommt und vergeht.
Sie ist so klein, sie hat kein Innen.
Sie ist so groß, sie hat kein Außen.
Dass sie verloren geht,
kommt durch Aufregung und Angst.
Ist das Herz in Ruhe,

regelt das Dao alles von selbst.

Wer das Dao erlangt,

kann Ansammeln und Abgeben regulieren

und fühlt keinen Verlust in seiner Brust.

Wer durch das Dao seine Begierden mäßigt,

dem können die zehntausend Dinge

nicht schaden.

Anhang

Anmerkungen zum Text

1 (S. 7): Hier kommt einer der Grundgedanken des Textes zur Sprache: Weisheit besteht darin, sich ein hohes Maß an Lebenskraft zu bewahren. Genau das ist der Sinn der inneren Übungen, die im Folgenden näher umrissen werden.

2 (S. 8): Das chinesische Wort *le* bedeutet eigentlich *Freude* oder *Glück*. Dass es hier etwas umständlich mit *Überschwang der Gefühle* übersetzt ist, liegt daran, dass dadurch ein Missverständnis vermieden werden soll. Das 10. Kapitel (S.24) beginnt mit der Feststellung, dass Freude unbedingt zum menschlichen Leben gehört. Das lässt darauf schließen, dass hier nicht die Freude als solche problematisiert werden soll, sondern eben jener Überschwang, der das innere Gleichgewicht zerstören kann und schließlich eine Katerstimmung zurücklässt.

3 (S. 10): Das Dao ist nicht theoretisch erklärbar, es muss erfahren werden. Es lässt sich nicht in eine feste Lehrmeinung pressen, denn es ist situationsabhängig und die Situationen ändern sich andauernd. Zum näheren Begriffsverständnis siehe auch die Erklärung auf S. 32f.

4 (S. 11): Eine genauere Übersetzung würde eigentlich lauten: *Er folgt dem Wechsel der Zeiten, ohne sich zu ändern; er folgt den Dingen, ohne dass sie ihn verändern.* Das würde aber im Widerspruch stehen zu dem unmittelbar folgenden Kapitel (S.12) in dem die Bedeutung der Fähigkeit, sich zu wandeln, betont wird. Daher liegt der Schluss nahe, dass es hier darum geht, dass man sein Wesen bewahren soll, während es im nächsten Kapitel um die Anpassungsfähigkeit an gegebene Situationen geht, die jedoch nicht zu einer Wesensveränderung führt.

5 (S. 13): Die Idee der Regulierung hat eine zentrale Bedeutung in der alten chinesischen Philosophie. Dahinter steckt die Erfahrung, dass man starke Kräfte nicht blockieren kann, dass es aber möglich ist, sie im eigenen Sinne zu steuern. Dazu gibt es eine uralte Geschichte. Sie handelt von Yu dem Großen. Sein Vater war mit dem Schutz des Landes vor Hochwasserkatastrophen beauftragt und ließ deshalb Dämme errichten. Doch bei einer besonders verheerenden Überflutung hielten die Dämme nicht stand und viele Menschen ertranken. Yus Vater wurde daraufhin hingerichtet. Sein Sohn lernte aus den Fehlern seines Vaters. Er ließ ein System von Kanälen anlegen, sodass die Wassermassen reguliert werden konnten. Zum Dank wurde ihm die Königswürde übertragen. Er gilt als Begründer der ersten Dynastie. Das Prinzip *regulieren statt blockieren* fand seither in allen erdenklichen Bereichen Anwendung, bei der Selbstkultivierung ebenso wie in vielen Kampfkünsten, in denen es darum geht die gegnerische Kraft zu nutzen. Es gehört zum grundlegenden Erfahrungsschatz der chinesischen Kultur.

6 (S. 15): Im Gegensatz zu den astronomischen Kenntnissen waren die geographischen im alten China unterentwickelt. Spekulation ersetzte das fehlende Wissen. Die Erde dachte man sich als quadratische Scheibe mit vier Polen und neun Kontinenten.

Die Vorstellung, dass die Selbstkultivierung eines Menschen über mehrere Kontinente ausstrahlt, wirkt erst einmal stark übertrieben. Etwas plausibler wird sie, wenn man bedenkt, dass sich ein Text wie das *Nei Ye* nicht so sehr an die einfache Bevölkerung, sondern vor allem an den Herrscher richtete. Besonders die Konfuzianer gingen davon aus, dass sich die Wirkung seiner Regentschaft wie Wellen über die ganze Erde ausbreitet.

7 (S. 16): Naturkatastrophen galten im alten China als Indiz dafür, dass das *Mandat des Himmels,* auf das sich der Herrscher berief, infrage gestellt war. Schließlich war es die rituelle Aufgabe des Königs, die Harmonie zwischen Himmel und Erde zu wahren. Erdbeben, Überschwemmungen und Dürren sah man als Zeichen dafür, dass er seiner Funktion nicht gerecht wurde. Die Vorstellung, man könne durch persönliches Verhalten solche Ereignisse abwenden, ist letztendlich eine magische.

8 (S. 18): Sowohl die Daoisten als auch die Konfuzianer waren der Überzeugung, dass eine stabile Regierung auf der Integrität des Herrschers und dessen persönlichem Vorbild beruhe und dass Belohnungen und Strafen auf Dauer keine Stabilität gewähren könnten.

9 (S. 19): Der Glaube an Götter und Geister war im alten China zwar durchaus verbreitet, aber die philosophischen Konzepte bauen nicht darauf auf. Nicht nur das *Nei Ye,* sondern auch die alte chinesische Literatur im Allgemeinen ist ausgesprochen diesseitsbezogen.

10 (S. 20): Generell geht es in der chinesischen Philosophie nicht so sehr um die Suche nach Wahrheit, sondern vor allem um die Suche nach dem richtigen Weg. Von daher stehen auch Theorien nicht im Vordergrund. Dreh- und Angelpunkt ist immer die Praxis. Gedankenkonstruktionen und metaphysische Spekulationen hatten von daher in China nie die gleiche Bedeutung wie im Westen. Sie konnten von wichtigeren Dingen ablenken. So ist es nicht verwunderlich, dass hier zu viel Denken in einem Atemzug mit zu viel Essen genannt wird.

11 (S. 20): Der Mensch ist nach alter chinesischer Vorstellung das Wesen, das sowohl an der Erde als auch am Himmel teilhat. Deshalb kann der Mensch auch dazu beitragen, dass beide im Einklang sind. Das chinesische Schriftzeichen für *drei* 三 *(san)* lässt sich auch als symbolische Darstellung der drei Sphären des Irdischen, Menschlichen und Himmlischen deuten. Es ist die rituelle Aufgabe des Herrschers für die Verbindung zwischen diesen drei Sphären zu sorgen. Das drückt sich auch graphisch in dem Schriftzeichen für *König* (wang) aus, das diese Verbindung darstellt: 王

12 (S. 22): Musik und Riten spielen vor allem bei Konfuzius eine entscheidende Rolle. Für ihn sind das die wesentlichen Kulturtechniken, die zu einer harmonischen Gesell-

schaft beitragen und deshalb staatliche Gewalt weitgehend überflüssig machen.

13 (S. 24): Der Rat, nichts zu sich hinzuziehen und nichts von sich fortzustoßen, bezieht sich auch auf Ruhm, Macht und Reichtum. Diese Dinge können einen Menschen korrumpieren und vom rechten Weg abbringen, aber das bedeutet nicht, dass man sie grundsätzlich ablehnen sollte. Es geht lediglich darum, sie nicht zu wichtig zu nehmen, vor allen Dingen, sich nicht mit ihnen zu identifizieren. Im *Zhuangzi*, dem wichtigsten daoistischen Klassiker neben dem *Daodejing*, gibt es eine Stelle, die diesen Gedanken noch etwas näher beleuchtet:

Was die Alten als Erreichung des Ziels bezeichneten, waren nicht Staatskarossen und Kronen, sondern sie bezeichneten damit einfach die Freude, der nichts zugefügt werden kann. Was man heute unter Erreichung des Ziels versteht, sind Staatskarossen und Kronen. Staatskarossen und Kronen sind aber nur etwas Äußerliches und haben nichts zu tun mit dem wahren LEBEN. Was von außen her der Zufall bringt, ist nur vorübergehend. Das Vorübergehende soll man nicht abweisen, wenn es kommt, und nicht festhalten, wenn es geht. Darum soll man nicht um äußerer Auszeichnungen willen selbstisch werden in seinen Zielen, noch um äußerer Not und Schwierigkeiten willen es ma-

chen wollen wie die anderen. Dann ist unsere Freude die-
selbe im Glück und Unglück, und man ist frei von allen
Sorgen. Heutzutage aber verlieren die Leute ihre Freude,
wenn das Vorübergehende sie verlässt. Von diesem Gesichts-
punkt aus sind sie auch mitten in ihrer Freude immer in
Unruhe. (Zhuangzi: XVI, 4, Übersetzung von Richard
Wilhelm)

Erklärung chinesischer Begriffe

道 *Dao – Weg, Pfad.* Es kann damit zwar auch eine ganz
normale Straße gemeint sein, aber in der alten chinesischen Philosophie hat es eine andere, speziellere Bedeutung, deshalb wird es in manchen Übersetzungen auch
mit Begriffen wie *Sinn*, *Verstand* oder *Logos* wiedergege-
ben. Da bei jeder deutschen Übersetzung viel von der ei-
gentlichen Bedeutung des Wortes verloren geht, wird in
dem vorliegenden Text der chinesische Ausdruck beibe-
halten. Das Schriftzeichen 道 *(dao)* setzt sich aus zwei
Elementen zusammen. Das eine (links und ganz unten)
ist das Radikal. Wenn man ein unbekanntes Schriftzeichen sieht, das dieses Radikal enthält, dann kann man ver-
muten, dass es in weiterem Sinne etwas mit dem Thema
gehen zu tun hat. Das andere Element heißt als eigenes

Schriftzeichen *Shou* und bedeutet *Anführer* oder *Haupt*. Der Anführer bei einer Jagd z.B. folgt der Fährte eines Wildes, es ist kein gerader, vorhersehbarer Weg, den er dabei einschlägt. Es ist ein Weg mit Richtungswechseln. Die Aufgabe des Anführers ist es, den richtigen Weg zu finden, Umstände abzuwägen und zu entscheiden. Das heißt, sich entsprechend der jeweils gegebenen Situation zu verhalten. *Dao* bedeutet also zwar *Weg*, aber gemeint ist nicht der geebnete Weg, sondern der immer neu zu findende. Entsprechend wird der Begriff in philosophischen Texten gebraucht. Das Dao muss immer wieder neu gefunden werden. So heißt denn auch der erste Satz des Daodejing: *Das Dao, das man zeigen kann, ist kein ewiges Dao.*

德 *De – Tugend.* Die Übersetzung kann leicht Verwirrung stiften, denn im Westen wird Tugend vor allem als moralischer Begriff verstanden. Neben diesem Aspekt hat *De* aber noch eine weitere, speziellere Bedeutung. Es ist eng mit der Vorstellung des *Dao* verbunden. So heißt denn auch die bekannteste daoistische Schrift *Daodejing*, also *Buch vom Dao und vom De.* Das *De* bezeichnet die innere Kraft und die Ausstrahlung nach außen, die Menschen dadurch erlangen, dass sie dem *Dao* folgen. Es ist also vor allem eine Fähigkeit. Im vorliegenden Text wird es daher mit *Wirkungskraft* oder *Kraft* übersetzt.

精 *Jing – Essenz, Samen, Saat.* Aus dem Samen entsteht das Leben. In der chinesischen Vorstellung ist *Jing* aber auch die Essenz, die das Leben erhält. Ihr Verlust bedeutet Tod. Neben Qi （氣, Energie) und Shen （神, Geist） ist sie eine der drei grundlegenden, das Leben prägenden Kräfte.

氣 *Qi – Energie, Lebensenergie, Lebenskraft, Vitalität, Atem, Luft, Wetter.* Das Wort hat viele Bedeutungen, im vorliegenden Text ist es je nach Kontext mit den drei erstgenannten übersetzt. Zum Verständnis des *Qi* ist es wichtig, sich klarzumachen, dass damit keine individuelle Energie gemeint ist. Die Welt ist durchdrungen vom *Qi* und wir Menschen sind Teil seines Kreislaufes. Wir nehmen es auf und geben es ab, so wie wir die Atemluft aufnehmen und abgeben. Wir sind einbezogen in den kosmischen Energiefluss und indem wir das *Qi* in uns regulieren, beeinflussen wir auch die Welt um uns.

天 *Tian* * *– Himmel.* Der Himmel ist nach altem chinesischen Verständnis zum einen das, was sich über der Erde

---

*Tian ist übrigens auch das Schriftzeichen auf dem Coverfoto.

erstreckt, zum anderen aber auch eine Macht, die das Schicksal der Menschen bestimmt. Einige der alten Philosophen (z.B. Konfuzius) sehen diese Macht eher als ein unpersönliches, abstraktes Prinzip, andere (z.B. Mozi) verbinden damit die Vorstellung eines mit Willen begabten göttlichen Wesens. Die Könige beriefen sich auf das *Mandat des Himmels*, das eine Dynastie aber wieder verlieren konnte, wenn sie ihm zuwider handelte.

天下 *Tian xia – (Alles) unter dem Himmel.* Gemeint ist die ganze Welt. Die geographischen Kenntnisse im alten China waren sehr begrenzt. Da der König über die gesamte bekannte Welt herrschte, galt er nicht als Regent eines begrenzten Einzelstaates, sondern wirklich als Herrscher über die ganze Welt. Das damit verbundene politische Konzept einer auf Integration aller Menschen basierenden Gesellschaft greift der zeitgenössische chinesische Philosoph Zhao Tingyang in seinem Buch *Alles unter dem Himmel. Vergangenheit und Zukunft der Weltordnung* (Berlin, 2020) auf.

萬物 *Wan wu – Die zehntausend Dinge.* Gemeint ist alles, was existiert. Gelegentlich wird der Begriff auch in einem eingeschränkteren Sinne für alle Lebewesen benutzt: die zehntausend Wesen.

心 *Xin – Herz, Geist, Mitte.* Je nach Kontext werden in der Übersetzung die verschiedenen Begriffe verwendet. Das menschliche Bewusstsein wurde im alten China eher mit dem Herzen als mit dem Gehirn assoziiert. Wenn davon die Rede ist, dass man mit dem Herzen die Dinge regulieren soll, dann trifft sich das durchaus mit unserem heutigen Wortverständnis und meint einen liebevollen Umgang mit der Mitwelt. Aber der chinesische Wortsinn ist umfassender, denn er schließt Vernunft und Rationalität mit ein und ist nicht im Gegensatz dazu gedacht.

— *Yi – eins, das Eine, die Einheit.* Das Zeichen, ist ein horizontaler Strich. Es ist bildlich der Horizont, an dem Himmel und Erde in eins verschmelzen. Es lässt sich auch verstehen als *Einssein* oder *Einswerden.* Der Mensch ist untrennbar mit der Welt verbunden, alle Dinge existieren in Abhängigkeit voneinander. *Die Welt ist mein Besitz, aber ich gehöre auch zum Besitz der Welt. Wie könnte da auch nur die geringste Kluft zwischen mir und der Welt sein?,* heißt es im *Huainanzi (I.18),* einem weiteren daoistischen Klassiker. Alle Trennungen, die wir in unserer Vorstellung vornehmen, verfälschen unseren Blick auf die Dinge. Die Einheit aller Dinge zu erkennen, bedeutet auch, mit dem Dao eins zu werden.

正 *Zheng – aufrecht, gerade, ehrlich.* Heute wird das Wort eher als Adjektiv benutzt. Im Kontext des *Nei Ye* steht es allerdings im Gegensatz zu *Luan (Chaos, Unordnung).* Von daher bietet es sich an, *Zheng* in diesem Zusammenhang mit *Ordnung* zu übersetzen.

Zur vorliegenden Übersetzung

Einen Text aus dem alten Chinesisch in eine moderne europäische Sprache zu übersetzen, stellt eine besondere Herausforderung dar.

Zum einen liegt es am Zustand der überlieferten Texte. Oft handelt es sich um Abschriften von Abschriften und dabei kann sich leicht ein Zeichen eingeschlichen haben, das in dem gegebenen Kontext partout keinen Sinn ergeben will.

Doch das Hauptproblem liegt in den enormen Unterschieden zwischen den beiden Sprachen. Das Chinesische kennt keine Deklination und keine Konjugation der Wörter. So kann man z.B. *Dao* als Singular lesen (also *Weg*), aber auch als Plural *(Wege).* Das Wort *ke (können)* bei-

37

spielsweise bedeutet entweder *man kann* oder *ich kann* oder *du kannst* oder *wir können* aber auch *man könnte* oder *du könntest* oder auch *du wirst können* usw. usf.

Auch neigt das klassische Chinesisch (wie auch in geringerem Maße das moderne) dazu, Sätze unvermittelt nebeneinander zu stellen, die im Deutschen durch Relativsätze oder Konnektoren (wenn, weil, obwohl etc.) in eine eindeutigere Beziehung zueinander gesetzt werden.

Außerdem fehlen in den Originaltexten Satzzeichen. Wo ein Satz aufhört und ein neuer anfängt, ergibt sich zwar oft aus dem Kontext, aber nicht selten sind auch mehrere Lesarten möglich.

Ein weiteres Problem beim Übersetzen chinesischer Texte ergibt sich aus der Komplexität der Schriftzeichen. Ein Zeichen entspricht genau einer Silbe und die Silben wiederum sind eigenständige Wörter. Die Zeichen jedoch setzen sich oft aus mehreren Komponenten zusammen, die ihrerseits wieder je eine eigene Bedeutung haben. Das Zeichen 和 *(he)* zum Beispiel bedeutet in manchen Zusammenhängen einfach nur *und.* Es setzt sich aber zusammen aus zwei Teilen, die für sich genommen *Getreidepflanze*

und *Mund* bedeuten. Damit verweist es auf ein altes Musikinstrument, eine Flöte, bestehend aus mehreren Strohhalmen, die untereinander harmonisch gestimmt sind.[*]
Das Wort bedeutet von daher auch *Harmonie* und *Miteinander*. Die Bedeutungstiefe des Zeichens geht verloren, wenn man 和 *(he)* völlig korrekt mit *und* übersetzt.

Durch all die oben genannten Faktoren haben die alten Texte eine Vieldeutigkeit, die zwangsläufig in einer deutschen Übersetzung wegfällt. Beim Übersetzen ist man gezwungen, sich auf eine von vielen möglichen Bedeutungen festzulegen.

Übersetzen heißt hier also immer schon interpretieren – auf Kosten anderer möglicher Bedeutungen. So kann es nicht verwundern, dass Übersetzungen des gleichen Textes oft erheblich voneinander abweichen.[**]

---

[*]Aufmerksam geworden bin ich auf dieses schöne Beispiel durch das Buch von Zhao Tingyang: *Alles unter dem Himmel – Vergangenheit und Zukunft der Weltordnung,* Berlin, 2020, S. 106
[**]Wie unterschiedlich solche Übersetzungen ausfallen können, zeigen z.B. die englischen Übersetzungen des *Nei Ye* von Bruce R. Linnell (www.gutenberg.org/files/38585/38585-pdf/38585-pdf.pdf)
und Robert Eno
(https://chinatxt.sitehost.iu.edu/Thought/Inner_Enterprise.pdf)

In meiner Übersetzung habe ich mich bemüht, mich trotz aller Schwierigkeiten so nah wie möglich an das Original zu halten.* Das betrifft auch die Form. Die Verse des *Nei Ye* bestehen meistens aus einfachen, kurzen Sätzen. Dem habe ich versucht zu entsprechen.

Um den Sinn des Originaltextes zu erfassen ist die hermeneutische Methode sehr hilfreich. Das heißt, man versucht den gesamten Text anhand der einzelnen Passagen zu verstehen und geht dann von dem so gewonnenen Gesamtverständnis aus, um unklare Einzelstellen zu deuten. Das legte gelegentlich Formulierungen nahe, die sich nicht zwangsläufig aus einer wortwörtlichen Übersetzung des Originals ableiten lassen (siehe Anmerkung Nr. 2, S. 26 und Anmerkung Nr. 4, S. 27).

Das Übersetzen von literarischen Texten ist immer mehr als nur die bloße Wiedergabe eines vorgegebenen Inhalts in einer anderen Sprache. Es ist stets auch ein kreativer Akt, der Entscheidungen abverlangt. Das gilt aus den oben genannten Gründen ganz besonders für Übersetzungen aus dem alten Chinesisch. Manchmal fühlt es sich an wie ein Sprung ins kalte Wasser. Aber es ist die einzige

---

*Den chinesischen Text findet man online unter
https://ctext.org/guanzi/nei-ye

Möglichkeit, sich dem Geist einer längst vergangenen Epoche anzunähern. Und im Falle der daoistischen Klassiker ist das eine sehr lohnende Aufgabe.

Zur Entstehung des Nei Ye

*Nei Ye** bedeutet *innere Übung*. Der so benannte Text ist das 49. von insgesamt 86 Kapiteln einer Sammlung alter chinesischer Schriften die den Namen *Guanzi*** (Meister Guan) trägt.

Benannt ist das *Guanzi* nach Guan Zhong, einem Philosophen und Politiker der ca. 720 – 645 vor unserer Zeitrechnung lebte. Er war 14 Jahre lang Kanzler des Staates Qi und war ein enger Vertrauter des Herzogs von Qi.

Im *Guanzi* wird unter anderem von seinen Lehren und seinen Taten berichtet. Aber Guan Zhong ist nicht der Autor. Das Werk entstand erst Jahrhunderte später, wahr-

---

*Zum Nei Ye vgl. https://en.wikipedia.org/wiki/Neiye
**Zu dem Buch Guanzi und der Person des Guan Zhong vgl.
https://de.wikipedia.org/wiki/Guan_Zhong und
https://en.wikipedia.org/wiki/Guan_Zhong

scheinlich im vierten Jahrhundert vor unserer Zeitrechnung.

Verfasst wurde es im Umfeld der Jixia-Akademie[*], die sich in Guan Zhongs Heimatstaat Qi befand. So ist der Titel wohl auch als Hommage an den berühmtesten Staatsmann in der Geschichte des Staates zu verstehen.

Die Jixia-Akademie war die bedeutendste Lehranstalt des alten China und vom 4. Jahrhundert bis zum Jahr 221 vor unserer Zeitrechnung, als der Staat Qin den Staat Qi eroberte, das geistige Zentrum des Landes. Sie zog viele angesehene Gelehrte an. Es war die Zeit der hundert Schulen, eine lebhafte Diskussionskultur blühte. Daoisten, Konfuzianer, Legalisten und viele andere trafen an der Akademie aufeinander, sie alle konnten dort in Freiheit lehren. Für ihre Schüler bot sich die Aussicht auf Regierungsposten, denn die Institution war nicht nur eine wichtige Ideenschmiede, sondern hier wurde auch der Beamtennachwuchs des Staates rekrutiert.

Angesichts der Vielzahl unterschiedlicher Lehren, die an der Akademie vertreten waren, kann es nicht verwundern,

---

[*]Zur Jixia-Akademie vgl. https://de.wikipedia/wiki/Jixia-Akademie

dass sich auch in einer von ihr verfassten Schrift sehr unterschiedliche Schulmeinungen widerspiegeln. So finden sich auch im *Guanzi* Einflüsse der verschiedensten Richtungen.

Das *Nei Ye* selbst ist stark daoistisch geprägt. Möglicherweise ist es schon lange Zeit vor der Zusammenstellung des *Guanzi* entstanden, denn das Alter der Textsammlung sagt nichts über das Alter ihrer einzelnen Bestandteile. Vielleicht ist es sogar der älteste daoistische Text überhaupt, aber hier liegen die Ursprünge im Dunkeln und wir befinden uns im Reich der Spekulation.

Die Bedeutung des Nei Ye für heute

Wie der Name *Innere Übung* nahelegt, geht es im *Nei Ye* um Methoden, die eigene Wahrnehmung und das Bewusstsein zu regulieren. Damit ist es auf jeden Fall das früheste Zeugnis daoistischer Meditationspraktiken.

Heute, da durch die zunehmende Popularität von Taiji quan (Tai Chi) und traditioneller chinesischer Medizin auch im Westen ein wachsendes Interesse an der alten chinesischen Philosophie entsteht, rückt auch das *Nei Ye* in den Blickpunkt. Es gehört neben dem *Daodejing*, dem *Zhuangzi,* dem *Liezi* und dem *Huainanzi* zu den bedeutendsten Quellen des frühen daoistischen Denkens.

Aber das *Nei Ye* ist nicht nur ein interessantes historisches Dokument, es ist auch nicht nur ein Leitfaden zu innerer Ruhe. Die Selbstkultivierung, zu der das *Nei Ye* anleitet, zielt nicht nur auf den persönlichen Nutzen, die Bewahrung und Steigerung der eigenen Lebensenergie. Es geht gleichzeitig um das Einüben eines ethischen Verhaltens im Einklang mit der Natur und in Harmonie mit anderen Menschen. Dabei beleuchtet der Text immer wieder die politische Dimension dieses Verhaltens. Letztendlich geht es um die Frage: Wie ist gesellschaftliche Ordnung ohne Gewalt möglich?

Das Buch ist sehr stark auf das praktische Leben bezogen. Es geht darin weder um Glaubenssätze, noch um metaphysische Spekulationen. Darum ist es mit den unterschiedlichsten Welterklärungen kompatibel. Gläubige der verschiedenen Religionen können aus seiner Quelle schöpfen, ohne von ihrer eigenen Tradition abzurücken. Aber auch ein atheistisches Weltbild kann problemlos mit den Gedanken des *Nei Ye* konform gehen. Der Text grenzt niemanden aus. So könnte das *Nei Ye* auch eine Brücke zwischen den zehntausend Weltanschauungen bilden – eben weil es in dieser Hinsicht neutral ist.

Dass sich diese so modern anmutende Haltung bereits im alten China herausgebildet hat, hängt sicher auch mit den geographischen Besonderheiten des Landes zusammen. Das Kernland der chinesischen Zivilisation war eine fruchtbare Ebene, die allerdings immer wieder von Überschwemmungen und Dürren heimgesucht wurde. Das machte Großprojekte zur Wasserregulierung erforderlich. Diese wiederum setzten die Zusammenarbeit zahlreicher Menschen voraus, die ganz unterschiedlichen Kulten und Traditionen anhingen. Es war letztendlich der Kampf ums Überleben, der lehrte, diese Vielfalt zu akzeptieren.

Wir sind heute wieder in einer vergleichbaren Situation. Angesichts der globalen Probleme, vor denen die Menschheit steht, müssen wir dringend zu einem solidarischen Miteinander und einer echten Kooperation über kulturelle Barrieren hinweg kommen. Auf dem Weg dorthin können die Anregungen, die das *Nei Ye* bietet, eine wertvolle Hilfe sein.

Inhalt

*Über den Übersetzer
und Autor des Anhangs*

Jupp Hartmann, geboren am 23. Januar 1956 im Saarland hat Germanistik und Philosophie studiert und lebt als freischaffender Künstler, Autor und Dozent in Hamburg. Ein fünfjähriger China-Aufenthalt von 2003 bis 2008 gab seinem Denken wichtige Impulse. Weitere Veröffentlichungen:

- *Wie ich lernte das Nutzlose zu lieben*
ISBN: 978-3-7345-3577-2

- *Aufbruch ins Leere – Klimakrise, Muße und Mystik*
ISBN: 978-3-7504-1836-3

- *Die Lehren des großen Regens – Eine philosophische Reise ins alte China und zurück*
ISBN: 978-3-7526-2692-6

Siehe auch: https://aufbruch-ins-leere.blogspot.com
sowie http://www.jupphartmann.de